序

王世貞曰余所稱述閣臣沿起輕重始末巳具年表中旣而歎曰　高帝之罷設丞相著爲甲令重其典危其辭豈不諄諄偲偲哉然卒避名而陰操其實以至于極重不可反者　萬幾不獨斷膂智不恒操耳目之用必有憑而積漸之勢成也　仁宣之代與卿竝太宰位第一華蓋次之大宗伯位第三謹身次之正統景泰之際大宗伯太宰位皆第一華蓋次之然在正統則

中貴秉綸綍而專於內在景泰則司馬預帷幄而分於外雖理亂之勢殊而閣臣之不得言相猶故也自天順之隆寄於武功氏然左珥横冑更得而抗持之且未幾輒敗其後婁寄於南陽雖亦參之以太宰大司馬而相端萌矣若首次之低昂亦以時露矣成化末太宰文帥與首臣權相敵也次之與首勢相逼也蓋皆有所挾而皆不勝於是相形顯而首次益低昂矣弘治間首次以官序而不與權太宰大司馬以孤卿重

而不敢有所異同於是乎相之形張矣其首次則胥壞矣刑憲之報近而及身小遠而及子孫皆家籍名滅播之丹書夫豈不幸哉然談者猶以爲荆州微有功罪稍不蔽云大約新鄭狠於信州而汰小未甚二李肩次無咎無譽新都華亭用亦有剛柔而業相埒其最優者也余既卒卒不獲終三管之事故及耳目之確者著之曰嘉靖以來首輔傳蓋至嘉靖而始有相與首也曷言輔避相也諸爲次者及與連者附志其中

而不相角其治世之象乎哉正德不親政其始端委而聽閣臣之贊襄旣而使大閹奪之閹敗他閹復寄之又復使介胄叅之於是閣臣孱不復能振其黠無耻者甘爲之隷役而竊以自私何論相哉是故芳爲之次而不得言首矣宰絲爲之外而不得言內矣寧彬進而絲綸移于介胄矣嘉靖入紹盡埽其蠹而新之歸政內閣新都嶷然三輔鼎承百辟風偃雖不久而有所扼以去然相形成而首次遂大分永嘉之爲卿佐

則擊內閣而破相之體居內閣則排六卿而成相之尊其爲次則出尊之上爲首則惡次之近然而直者猶能奮而與之抗徤者猶能挾而刺其肘若乃屏苞苴折姦倖明主威蕩國蠹斯亦功之首也巳信州之所結托不能如永嘉而汰過焉上舞其上下逞其下寵盡而辱乘之身首異處爲天下笑袁州以柔用竊人主之喜怒而爲威福荆州以剛用操人主之威福而成喜怒六卿伺色操旨若六曹吏稱次者亦惕息屏氣

嘉靖以來內閣首輔傳目錄

嘉靖以來內閣首輔傳目錄

嘉靖以來內閣首輔傳卷之一

吳郡王世貞元美著

楊廷和

楊廷和字介夫蜀之新都人十二舉於鄉十九
成進士改翰林院庶吉士始告歸娶廷和爲人
美風姿性沈靜詳審爲文亦簡暢有法而不好
爲聲律華藻之學惟以考究掌故民瘼邊事及
一切法家言蓋鬱然負公輔望云授檢討滿九
載進脩撰　憲宗實錄成以預纂脩進侍讀改

左春坊左中允日侍　皇太子講讀主順天試
復且滿考而脩會典成優拜左春坊大學士兼
翰林院侍讀學士復主會試　皇太子即位推
恩進詹事府少詹事兼讀學如故充經筵講官
爲　孝廟實錄副總裁尋進詹事專領內閣誥
敕當進講而所稱遠佞幸戒遊逸失中貴人瑾
指傳改南京吏部左侍郎既行而有爲廷和解
者去詹事之五月而遷南京戶部尚書又三月
上問楊學士何在瑾以南京戶部對乃召入

進兼文淵閣大學士參預機務明年加少保兼
太子太保時重脩會典與　孝廟實錄先後成
諸纂脩官婁當時遷而瑾意有所脩怒屬廷和
皆預總裁於是先摘會典誤廷和與大學士李
東陽等奪俸二級而以實錄功還之明年加光
祿大夫柱國再遷改吏部尚書武英殿大學士
時瑾橫益甚而大學士芳吏部尚書綵爲中外
媾廷和與東陽委曲其間小有所救劑而已尋
安化王自夏州反以誅瑾爲名廷和等乃稍自

舒吐草　赦詔且請擢邊將仇鉞以離賊黨而
鉞果乘間執安化王會瑾繇中貴人張永發伏
誅廷和等乃復論功進少傅兼太子太傅謹身
殿大學士予一子中書舍人流賊劉六劉七齊
彥明反左都御史馬中錫當帥師往討之廷和
言中錫文士也寧能當此寄時業已行果不能
平賊廷和請逮中錫下獄以侍郎陸完代之而
斬故受賕縱賊者參將桑玉已又薦都御史彭
澤將諸邊兵討河南賊趙鐩等時輔臣東陽病

多委討廷和以是賊漸平論功錄廷和一子錦
衣衛千戶辭特加少師太子太師華蓋殿大學
士中貴人張永挾奇僇瑾而驕詗得男子有龍
文於臂者以為功援故中貴人劉永誠例身欲
得侯廷和謂封永誠之從子聚伯耳且自以戰
功封非永誠身受之也永意乃塞亦不能為廷
和怨彭澤將西討流賊鄢本恕等入問計廷和
廷和曰以君才賊何憂不平所戒者班師早耳
澤後破誅本恕等奏班師而餘黨復蝟起不可

制澤既發而復留乃歎曰楊公之先見吾所不
及也　乾清宮災廷和請　上避殿下詔罪己
求直言因與其僚疏勸　上早朝晏罷深居簡
出躬　九廟祭崇　兩宮孝養勤日講復面奏
開言路達下情還邊兵革禁市罷皇店出西僧
省工作減織造十餘條皆切至而　上不省尋
以父春喪乞歸持服不許三請乃許奔喪使中
貴人護而行起之復三疏辭始許閣臣之得終
父母服自廷和始也服甫闋即召入時　上出

行邊使使　賜廷和羊酒楮幣廷和疏謝因請
迴鑾不報復與大學士蔣冕馳至居庸願得以
身出塞　上乃遣中涓阻之歸廷和之初奔喪
寔首揆而梁儲代之儲故同舉進士先貴而長
於廷和十歲累遷至少師首殿矣至是讓居下
時頗稱儲誼當廷和之在事　上往往不視朝
尋周穆王之轍廷和數上疏諫止不聽而他如
復寧王護衛貴諸義子乃至自稱威武大將軍
鎮國公與諸失政之大者廷和亦强諫俱不聽

以是邑邑不自得數移疾乞骸骨　上不聽當
是時　上寬大好佚游於章疏不甚省而中貴
人谷大用魏彬張雄義子錢寧江彬輩橫甚廷
和雖不爲之下然不能有所裁禁以是得稍自
安寧王宸濠反江西事聞　上欲帥師親征廷
和等力阻之　上乃自詭總督軍務威武大將
軍總兵官後軍都督府太師鎮國公朱壽統各
京邊將士南討而安邊伯許泰爲威武副將軍
左都督劉暉爲平賊將軍前驅鎮守撫按悉聽

節制　命廷和與大學士毛紀居守以　乾清
坤寧二宮將建推恩錄一子錦衣衛副千戶辭
時廷和當草大將軍南征　敕諭謝弗肯草
上已心恚而會推南京吏部尚書劉龍理東閣
誥敕以廷和私其鄉人切責之廷和謝罪乞罷
不許少師梁儲等請與俱罷復不許是時廷和
方闔門以病請而　敕諭行矣　上既南兩更
歲朔而廷和頗以鎮靜持重為中外所推服凡
請　上迴轅者數十疏皆不復省　上歸而駐

蹕通州廷和等舉故事請　上還大內御殿受
俘而後正宸濠等誅　上令趣召廷和等至通
受事即行在執宸濠等僇之廷和不能爭也前
是兵部尚書王瓊材而險與中貴人及錢寧江
彬等狎相表裏為章奏誅賞遷陞捷取中旨不
復關內閣而瓊躐進亦至少師與廷和儲埒其
同居守又不自抑損自侈益甚廷和甚恨莫能
制也至是與吏部尚書陸完皆發自張永云與
宸濠通私外議洶洶以家且籍矣瓊先驅至通

輸款　上左右得免而顧奪陸完位而居之廷
和以是益恨瓊明年正月　上郊祀伏而嘔血
輿疾歸尋益甚亡皇子而司禮中貴人魏彬等
至閣言國醫力竭矣捐萬金而購之草澤或有
人應廷和心知所謂乃出榜諭購而微以倫序
之說風之彬等唯唯又十日而谷大用張永至
閣來言　上晏駕於豹房矣以　皇太后命移
殯　大內且議所當立廷和業袖　皇明祖訓
出而示之曰兄終弟及誰能瀆焉以親以長毋

如　興世子遂合策迎　興世子而王瓊率九
卿突入左掖門厲聲曰九卿之在廷我爲長今
日誰當立者而不使聞廷和左右目遂皆不對
乃纍然散去而故事內閣當一人與中貴勳戚
大宗伯偕往次爲梁儲次蔣冕而冕有志力廷
和欲倚以自輔而是時平虜伯江彬擁重兵在
肘腋間知天下之惡之勢必反廷和欲以　太
后旨捕誅彬恐梁儲老不任迎而故與彬善或
泄之冕去則益孤乃佯惜儲憊阻其行儲奮曰

事孰有大於迎　天子者乎而敢以憊辭儲奉
金符往而寃厲矣魏彬故與江彬有連而柄司
禮廷和知其稍文弱乃爲詳言江彬反狀以危
語脅之彬心動因俾其入白　皇太后而後具
啟請太監張永武定侯郭勛伯許泰尚書王憲
選各營兵分布　皇城四門京城九門及南北
要害廠衛御史以其屬嚴干陬傳　遺命罷威
武營團練諸軍各邊兵入衛者俱重賚散歸鎮
其皇店官校及軍門名色辦事悉勒還衛哈密
土魯番佛郎機諸貢使皆給賞而遣之還國豹
房所供番僧及少林僧諸技擊射生櫂船黃頭
郎散樂工技一切罷遣時江彬之黨都督僉事
李琮尤狠黠勸彬乘閒以其家衆反不勝則北
走虜彬猶豫未決而與廷和合謀者獨蔣冕毛
紀司禮中貴溫祥凡四人而魏亦不敢泄之張
永伺知其意亦密爲備乃誘江彬入安坤寧宮
獸吻行禮入西華門過永所永飯之俾小緩以
待彬且行禮而逮　旨下彬反走西華門門閉

轉走北安門内監群追而縛之因併縛都督神
周及李琮下　詔獄籍其家中外懽呼相慶
與世子至都門禮部具儀如　皇太子卽位禮
由東安門入居　文華殿受箋不許遂從　行
殿受箋由　大明門直入告　大行皇帝几筵
御前殿卽位廷和具　詔草上之報可始草上
而司禮諸中貴以其關内政者數條屬廷和削
去廷和曰往者吾儕之不得職公等謂出　上
意今者亦出　新天子意耶不然吾儕賀登極

後惟有一去且叩之　上以誰削　詔草必有
當之者於是蔣冕及毛紀相繼發危言諸中貴
語塞已而　詔下正德中蠹政釐革且盡中外
加額稱　新天子聖人而所革錦衣等諸衛内
監局旗校工役爲數十四萬八千七百減漕糧
百五十三萬二千餘石其中貴義子傳陞乞陞
一切恩倖得官者殆盡矣失職之徒銜廷和切
骨入朝有挾白刃伺喝於輿傍者事聞　詔以
營卒百人爲廷和出入衞　上御經筵廷和知

經筵事脩　武廟實錄充總裁前是廷和已加
特進一品滿九載兼支大學士俸　賜勅旌諭
至是加左柱國而給事御史交章論王瓊罪狀
下　詔獄瓊迫則疏訐廷和以自解法司乃當
瓊奸黨律論死瓊力自辯得減邊戍而有以爲
承望者會石珤自禮部尚書掌詹事府改吏部
廷和復奏改之掌府使司誥敕於是人或謂廷
和太專然廷和以　上雖幼冲然英睿不世出
益自信以可致天下太平事事有所持諍錢寧

江彬雖伏誅而張銳張忠于經等獄久不決賂
於內亦滅從戍廷和等疏謂不誅此曹則國法
不正公道不明　九廟之靈不安萬姓之心不
服禍亂之機未息太平之治未臻　上乃籍沒
其貲產廷和復疏請敬天戒法　祖訓隆孝道
保　聖躬務民義勤學問慎命令明賞罰專委
任納諫諍親善人節財用語多剴切皆　優詔
報可而大禮之議起時　興獻王與　母妃名
號猶未定　上欲有所加隆召廷和等從容賜

茶慰諭而廷和持以爲 上當後 孝宗稱
孝宗曰皇考而 獻王爲皇叔考爵曰興國太
王 母妃曰興國太妃而別立益王之次子崇
仁王爲興王奉 獻王祀禮部因之以請 上
弗悅而進士張璁有窺見遂上疏言 上宜考
獻王母 蔣妃皆崇以帝后號且持繼統不
繼嗣之說甚晰語見璁傳自是廷和每召對
上必溫旨諭之而持不可者三封還御批者四
前後執奏幾三十疏 上益怱怱有所恨而左

右得乘間言廷和恣無人臣禮言官史道曹嘉
等亦遂論劾廷和 上雖爲之薄譴以安之而
意內移矣尋脩定冊功封廷和蔣冕毛紀各伯
爵歲祿千石固辭改廕錦衣衛指揮使復辭
上以賞太輕加廕四品京職各世襲復辭而會
廷和滿四考超拜太傅復四辭而止特 賜敕
旌異錫宴於禮部九卿皆與焉時 上頗留意
齋醮廷和力言其不可引梁武宋徽爲喻 優
旨報納時江左比歲不登而中貴人以御衣請

遣官之蘇杭二府督織造工部及給事御史言
之皆不聽而趣内閣撰敕廷和等不奉命因極
言民困財竭請毋遣官　上仍趣撰敕且戒以
不得瀆擾執拗廷和因力辯其非瀆擾執拗且
謂臣等與舉朝大臣言官言之不聽而獨二三
邪佞之言是聽　陛下獨能與二三邪佞共治
祖宗天下哉且　陛下以織造爲　累朝舊
例不知洪武以來何嘗有之其創自成化弘治
始耳　憲宗二聖恤民節財美政非一　陛下

不之法而獨法其不美者何也卽位一　詔中
官之倖路紬塞殆盡天下方傳誦　聖德而今
忽有此何以取信因請究擬　旨者　上爲謝
不審俾戒所遣官毋縱肆而已不能止也廷和
故巳累疏乞休其後請益力而又以持稱考
獻帝議不合疏辭露不平　上責以因辭歸咎
非大臣道然猶賜之　璽書續輿廩郵護如例
申前廕子錦衣衞指揮使之命給事御史請留
廷和皆不報而蔣冕代

蔣冕

蔣冕字升之廣西之全州人十四應鄉薦又十年而成進士改翰林院庶吉士授編修遷侍讀改右中允進左春坊左諭德兼侍讀以母憂歸還爲侍讀學士進詹事府少詹事仍兼侍讀學士遷吏部右侍郎轉左侍郎爲禮部尚書改掌詹事府入東閣理誥敕進兼文淵閣大學士加太子太傅武英殿大學士滿三載授光祿大夫柱國尋進加少傅太子太傅戶部尚書謹身殿

大學士冕在翰林久最名有學行清修自好而無所見其入內閣值 上多出巡幸留連塞外不肯還京師冕與楊廷和梁儲毛紀疏請前後以十數皆不聽冕乃自爲疏上之其言尤危切 上不之省亦弗罪也既南征冕與梁儲扈從以時請迴鑾 上所縱倡樂遊讌雖不能諫止亦不肯依阿而是時中貴入永忠與都督彬泰挾 上寵勢張甚然不能親疎冕以是望實頗重歸而 上屬疾崩冕與廷和合謀捕江彬與

商略 詔草有社稷功 世宗自興來論封伯
爵與廷和埒力辭至五乃改廕錦衣指揮同知
及五品京職皆世襲復辭冕故推重廷和既相
得懽甚而冕尤耿介抗顔執諍侃侃大臣體而
兵部右侍郎吴廷舉者其鄉里同年至厚也有
所建白而冕迂之遽上章謂冕在 先朝不能
格君心不稱輔導冕恚甚因盡暴白其所上疏
而謂廷舉挾睚眦詆諆故舊斥之南人兩病其
隘然廷舉更累進秩冕弗問也其所持追崇典

王禮既雅與廷和合而朝議因之廷和罷而前
遣中官織造尚未具草冕卒不肯具草 上責
之引咎而已因移病不出 上優詔强起之再
三廼出時 上欲崇 獻王及 母妃得張璁
桂萼等疏益决雖勉稱本生父母欲立廟於奉
先殿側禮部議不合則罷其尚書汪俊以怖冕
冕既與同官力諍復獨疏言其不可因乞休優
詔不允乃降詔 本生皇考曰恭穆獻皇帝
本生母曰章聖皇太后冕益不自得復上疏乞

不與議立廟而以骸骨歸　上責之然猶備大臣禮畧如廷和而錄一子錦衣衛指揮同知給事御史請罷冕皆不報而毛紀代冕之去距其代廷和兩閱月耳

毛紀

毛紀字維之萊州掖人也少惇敏好學二十四舉山東鄉試第一明年成進士改翰林院庶吉士授檢討滿九載進修撰充經筵講官侍東宮講讀修大明會典成遷侍讀　皇太子卽位進左春坊左諭德丁父憂歸服除中貴人瑾恨

之奪左諭德復爲侍讀　孝廟實錄成進侍講學士尋爲學士權戶部右侍郎遷禮部左侍郎母憂歸服除改吏部左侍郎進吏部尚書遣中貴人使西域齎番僧供紀力爭之不報亡何兼翰林院學士掌詹事府入東閣理誥敕賜玉帶蟒衣尋兼東閣大學士直文淵閣預機務無何加太子太保兼文淵閣大學士　上以宸濠反欲親征紀與楊廷和等泣請留不得遂同廷和

居守滿三載進少保戶部尚書武英殿大學士
階光祿大夫勳柱國　上晏駕紀與廷和等合
筴迎　興世子及捕誅江彬等　興世子即位
與蔣冕俱同知經筵事充　武廟實錄總裁論
功與廷和冕俱賜封伯爵力辭改文武廕襲如
冕復辭會冕歸而紀以一品六年滿改吏部尚
書謹身殿大學士時追崇　興獻帝敕諭甫下
而　上復入桂蕚張璁等言驟遷其官而下禮
部議稱　孝宗爲　皇伯考　獻帝爲　皇考
與　聖母俱去本生字禮部執奏不聽令具儀
聞於是詹事府翰林院給事御史部屬百餘人
各上疏爭之　上怒甚逮爲首者下詔獄紀乃
與大學士石珤復伸其說報聞於是紀移疾乞
休　優詔留之而當上　聖母冊時大臣多不
至者　上益怒會紀扶病入朝而有　旨捕繫
言事諸臣他待罪闕門者尚衆人情洶洶紀乃
上疏請乞少霽　天威急收人心　上使司禮
監諭數紀朋奸背君紀自辨且乞休益力　上

乃責而許之其恩禮猶視蔣冕紀之代蔣冕亦僅三月而廷和子翰林修撰愼以倡其僚寀伏闕慟哭杖之數十幾死謫戍雲南之永昌又三載璁蕚益貴用事所撰述明倫大典成下　詔罪狀廷和謂自詭門生　天子定策國老法當僇市姑削職爲民蔣冕毛紀俱冠帶閒住明年廷和卒又三年冕卒皆年七十修撰愼數更赦不得歸其家亦無敢以恤典請者獨毛紀老無恙援恩詔得復官　上亦且忘之年八十命撫按官卽家以幣彩牢醴慰勞又三年而卒贈太保謚文簡廷和紀有子多貴顯而冕無子皆廉靜不苟取久之家悉貧隆慶初褒隆持正大臣特贈廷和太保謚文忠冕少師謚文定而愼竟老死荒徼亦得贈光祿少卿

費宏

費宏字子充廣信之鉛山人少溫茂有才識能文章二十舉進士第一　授翰林院修撰預修憲宗實錄垂成而以疾請告其長謂宏不少需

侯恩命耶宏謝曰疾安能需也遂歸而史成僅
有金帛賚病已守故官選侍　皇太子改左春
坊左贊善連丁父母憂歸服除以裁纂通鑑召
滿九載拜左諭德兼翰林侍講　皇太子即位
推恩進太常少卿兼侍讀預修　孝廟實錄仍
充經筵日講遷禮部右侍郎轉左侍郎久之進
尚書日講如故賜玉帶蟒衣時逆瑾專於諸部
事多所更創既誅而矯之宏於禮部功為多尋
兼文淵閣大學士預機務中原羣盜平錄一子

錦衣衛千戶辭乃進加太子太保武英殿大學
士尋改兼戶部尚書時瑾死而錦衣帥錢寧暴
貴用事幾如瑾會得贈三代夜使其私人以百
金重綵餽宏卻之再修它珍餽又卻之以是慚
恚而寧王宸濠欲復其所削護衛行萬金錢寧
而謂宏其隣壤人也時宏從弟宋為翰林編修
乃托宋行千金宏家卻之而以語宏宏入內閣
颺言曰徧京師皆寧王金矣且彼王者虎也而
授之翼可乎予護衛不便已而王疏下兵部時

兵部尚書陸完故善王又以錢寧屬之故朝與
宏遇宏曰護衛再削矣不可復也尚書曰如
祖訓何宏正色曰公自爲之吾不與知也尋
詔予寧王護衛於是錢寧與王合而怨宏居兩
月餘忽 中旨詰宏以浮漫事宏乃引咎乞休
遂幷編修宋皆罷寧使騎尾宏至臨淸焚其副
舟項刻燼宏歸而里居不入城府其族子與鄉
之豪姓爭地相讐豪至南昌訴之臺使者不行
寧王乃要而授以指俾入京上章誣宏它罪下

臺臺之長彭澤詰豪而斥之寧王益愧憤使其
私人佐豪相率掘宏墳墓毀其家宏走之郡自
繫獄僅得免臺爲捕豪寘理而亡何寧王竟以
反滅錢寧亦坐交通誅於是中外爭慰薦宏亡
慮十餘上 世宗之初即位使使馳傳徵宏入
輔陛見慰諭再三賜玉帶蟒衣進少保時論翊
戴功廷和冕紀皆擬封伯爵而宏世官錦衣衛
指揮使固辭改廕正千戸及七品文職復辭宏
始以忠節著及再召用天下想望風采而會大

禮議起宏頗測知　上意所向凡廷和等三臣
所持議雖預名其間不復爲特疏石珤最晚入
然亦有特疏而　上遂心德宏議禮之臣桂蕚
張璁輩亡所修怨矣毛紀歸宏遂代之尋進吏
部尚書謹身殿大學士　孝宗實錄成宏以總
裁進少師兼太子太師時故臣楊一清由邊大
帥召還前巳久爲少傅宏故超二等爲少師遂
居一清上又以　獻皇帝實錄成進華蓋殿大
學士支正一品俸蕚璁雖以當　上心驟貴而

翰林諸臣皆賤之不欲與共功名宏亦不能異
也以故蕚璁爲詹事兼學士而兩修實錄經筵
日講主鄉試教習庶吉士皆抑弗得與具員而
巳蕚璁以是復恨宏甚於恨楊廷和而是時
上頗好賦詩往往假宏潤色賞賜隆渥至爲御
平臺召對手歌一章賜之復命輯倡和詩集署
其官曰內閣掌叅機政輔導首臣一時以爲榮
而蕚璁聞之不善也蕚至上言詩文小技非
聖學所急宏不當以此希恩寵報聞於是蕚璁

前後數上疏攻宏大有所誹詆宏亦自辨因乞歸　上溫旨慰留而已不以咎蕚等於是蕚等益横其所以攻宏甚口宏亦不能抗而是時諸閣臣獨石珤謇謇數以持議忤旨錦衣衛革職百戶王邦奇窺其端乃追論故輔臣楊廷和等誤甘肅邊事而宏與石珤爲之黨旣事白乞休　上乃許之俾馳驛歸而大臣致仕恩澤皆弗予石珤疏辭小戇　上不悅遂不得馳驛歸而卒宏性寬和與物無競又以引進僚屬而抑蕚

璁等諸後進皆悅之時時念宏不忘家居者凡八年而張璁已更名孚敬居首揆者久而移病乞骸骨　上許之乃使行人奉　璽書即家起宏宏遂星馳入止朝房　上即遣中使勞以上尊御饌詢及時政旣入對賜金幣且諭之曰别卿久矣喜再見卿卿猶康健宜盡心輔導以稱塞朕意自是顧問益周切　上在位久明天下事事嘗與宏論羣臣才行皆當宏輔政之二月所而以勞瘁疾驟發一夕而卒年六十有八

上爲咨嗟久之予祭及葬賻賜加等贈太保謚文憲家後亦至少保禮部尚書爲 上所寵信當宏之再相也家爲春坊贊善從子懋中進士及第授編修而子懋賢改庶吉士一時罕與之比

楊一清

楊一清字應寧其先世爲雲南之安寧州人父景以化州同知致仕携之居巴陵少而穎敏能屬文有司以奇童薦爲翰林秀才 憲廟俾內閣擇師教之與李東陽前後登庶子黎淳門十四鄉試高等即以經術爲人師十八成進士明年父喪解官卜葬於京口遂家焉定爲丹徒人服除授中書舍人職務清簡弟子日益進諸經一清指授者皆去取高第爲大官顯名朝廷久之遷山西按察僉事調學校乃力祛宿弊杜請托一切以嚴繩之士大夫始有譁者久而服其明丁母憂歸服除改提調陜西學校尋進副使一清乃益自振厲創正學書院選英儁其中而

數人去之尋虜數萬騎入寍夏乘勝直搗固原
烽火通於內地時總兵曹雄軍隔絕不相聞一
清慮其失筴乃從帳下輕騎僅五十趣之衆爲
一清危請毋往一清不聽乃以晝夜兼行抵曹
雄軍爲之節度而張疑兵以脅虜虜移犯隆德
有一清所下火炮夜發之響應山谷閒虜見以
爲大兵至遁出塞所傷殺少大夏乃請設都御
史總制陝西延綏甘肅寍夏軍務開府固原而
一清爲之尋進右都御史一清乃具疏極陳戰

守之策請修濬墻塹以固邊防增設衛所以壯
邊戍經理寍夏以安內附整戢韋州以遏外侵
俱報可一清往來諸鎮所至急于足兵食嚴營
陣選將習射每按部旌旗戈甲耀原野士飽馬
騰懽呼動地虜聞俱遠徙不敢入寇而一清首
所急者謂河套即古朔方地唐張仁願築三受
降城自是無寇警今因險而墻之絡繹相應可
制虜而障全陝於數百里外廷議以爲善於是
大發帑金數十萬使一清治築墻工未竟而中

貴人瑾有所望之一清不肯應以是移疾歸其
成者在要害間僅四十里邊人倚以重而瑾再
入讒語以一清冒破邊費逮之下錦衣詔獄一
清迫不能無居間瑾而東陽偕其寮王鏊言之
朝事乃解仍致仕歸一清即京口治私第得唐
許刺史丁卯橋故地而圃之以詩奕飲酒自娛
而名聲益盛安化王寘鐇反寧夏詔起一清提
督軍務與總兵官涇陽伯神英西討而中貴人
張永監其軍甫入關而一清故部將仇鉞時亦

從安化王刼而事之已乘間捕執之悉誅縛其
首逆何錦周昂等一清馳之鎮宣布德意有所
操舍而張永旋亦馳至時號令機宜皆出永永
雖尊貴甚然亦能檢束其下不爲擾攘見一清
而奇之一清亦深自結納兩人相得懽甚永與
中貴人瑾故侍東宮至貴而爭寵不肯爲之下
時頒賞諸部曲百餘人人百金獨不及瑾之姻
族二人一清固勸之乃亦賞如例而謂一清曰
公不知耳吾何畏瑾哉一清曰固也今權臣內

而大將外公誠貴　天子誠重公能保不從中
變乎永日然則奈何一淸日公宜亟歸歸而乘
天子之見嚮聲瑾罪而誅之此萬世一時也
永悟歸而悉發瑾反謀其疏出諸袖皆一淸草
也　上爲之誅瑾而進永柄司理永以是德一
淸而一淸視陝師之未幾其吏士皆大悅驛召
還拜戶部尚書以功加太子少保賜金幣尋改
吏部一淸於時政最稱爲通練而性濶大不甚
飭邊幅愛樂賢士大夫與共功名朝有所知夕

即登薦以是桃李徧天下嘗再帥關中麾下自
偏裨起而爲大將封侯佩印者累累然亦不絕
饋謝有所入即關通貴勢周遺交故立散之人
時大盗起躪中原殆遍一淸疏請命將調兵前
後凡數上皆賜褒允而司禮貴人永時時密叩
一淸討爲進止機宜有所傳　旨皆與兵法合
中外頗稱永以是益心德一淸盗平加少保太
子太保廕子錦衣百戶再以推內閣不用用一
淸之門人尚書靳貴而進一淸少傅太子太傅

時御史孟洋張樸劉天和王廷相成文給事中
竇明以言事及與鎮守中貴人交惡繫詔獄一
清屢上書請寛之　上不能盡用亦不忤也給
事中王昂論選法弊於一清有所指摘　上爲
謫昂一清亦請寛之優旨報聞中貴人谷大用
陸誾欲援張永例封其兄弟伯爵一清疏止之
不聽乾清宮災詔求直言一清疏謂　祖宗日
昧爽視朝今累數月而一朝或日昃而始出
祖宗四時廟享必親涖事今但聞遣官行禮

祖宗深居禁中夜宿寢殿今出無定期止無常
所至於番僧戎種豈宜置之宮闈邊兵遠戍豈
宜雜之肘腋因引疾乞歸　上爲慰留而已亦
無所更正義子錢寧故善一清而中貴人永爲
之主一清得拜武英殿大學士直內閣永尋得
罪罷而錢寧忽中何人間而怨一清一清盛置
酒禮之且用幣甫得解而會有災異一清乃自
劾因極陳時政得失中有狂言可以惑　聖聽
匹夫得以搖國是禁廷雜介冑之夫京師無藩

雝之托　上弗省而盗與江彬輩聞之不善也
於是使所私優人臧賢輩於　上前爲蜚語刺
譏一清俄而有故諸生朱大周奏訐一清陰私
事其辭甚醜乃力請骸骨歸　上賜敕諭褒累
百言給夫廩如例一清歸其客日益進當時目
一清爲智囊所摹畫朝事與自全策揣度無爽
臺司郡邑造問無虚月而一清之居間屬請亦
如之然不必盡私已會　武宗南征至京口欲
巡行江浙幸其第爲樂飲者兩晝夜賡詠篇什

以十數一清從容風止　上得不爲江浙行而
所損進金帛不貲　上幾欲特用之會晏駕乃
止　世宗嗣大位羣臣爭上言一清可大用至
有比之姚崇者乃　詔遣官錫金幣存問且諭
以宣召期趣使有言一清陳謝特予一子官中
書舍人時大禮議起張璁疏欲考　興獻王而
母　獻王妃一清心知所謂以書予其門人吏
部尚書喬宇曰張生此言聖人復起不易矣久
之陝西三邊總制闕　詔一清以少傅太子太

傳改兵部尚書左都御史蒞之故相行邊自一
清始溫詔褒美比之郭子儀所以賞賜有加一
清道洛中謁故少師劉健健出見僅一揖曰汝
不能甘澹薄而猥爲時所餌今日戴兜鍪異日
何以復簪冠乎令　主上輕吾輩自汝始咄咄
入不復顧一清愧而秘之馳之鎮鎮人以一清
凡再蒞有恩德而又自台輔起將士皆自飭勵
旌旗壁壘色彩爲新而漸以老不能大愉勝於
舊時時有所條請毋不報許居一歲所召入閣

而以兵部尚書王憲代復爲吏部尚書武英殿
大學士既入見加少師而所兼仍太子太傅非
故事也亡何　獻皇帝實錄成加太子太師謹
身殿大學士一清以不預纂修辭不許時費宏
小於一清十三歲而位其上張璁等以言禮獲
　上知而貴猶未極亟攻宏且欲推一清以見
故助禮德而　上亦心重一清宏旣逐一清代
之乃薦起弘治閣故相謝遷居首遷耆宿於望
實皆重而官猶未極時一清去陝二載餘矣陝

有獻虜功大帥王憲僅加太子太保而一清峻加特進左柱國華蓋殿大學士遷至遂位一清下不能有所設施墨墨遂乞歸一清既以敏練見知而璁等復推轂　上益重之賜御書和章及金幣牢醴無虛日一清所言邊事國計大小上悉傾聽而獨欲寬藩戚不爲京朝官例自正德中巳言之至是復伸其說而有司狥故典莫敢從也然一清自是頗作好而私其所親門生故吏其納賄亦不貲　上嘗賜一清銀印記

二曰耆德忠正曰繩愆糾繆是歲也張璁亦入閣而先被賜

嘉靖以來內閣首輔傳卷之一

嘉靖以來內閣首輔傳卷之二

吳郡王世貞元美著

張孚敬

張孚敬者初名璁字秉用浙之永嘉人父昇凡三娶而生孚敬孚敬生負異質動止不凡及長貌秀偉美鬚髯有大人度踰冠舉鄉試明年不第孚敬產不能中人而恢廓從性動止若大豪築羅山書院於姚溪聚徒衆其中與顓治經術傍析時務孚敬於書鮮所不窺而尤精於五禮

七試春官而七不利將爲吏部選人御史蕭鳴鳳善日者言得孚敬干支而異之曰毋爲選人也屈指曰從此而三載當成進士成進士即與人主若一身傾動海內於世無比孚敬乃强歸及其成進士則年已四十七矣 世宗自興來即 帝位而議追尊其父 興獻王與母蔣妃時少師楊廷和居首揆要禮臣議以 上入繼 武宗 武宗於 上兄也不當後即後孝宗而稱皇考 孝宗之后 皇太后張曰

皇母　武宗曰皇兄而稱　興獻王曰皇叔父
興獻王　王妃蔣曰皇叔母興國太妃而別封
益王之次子崇仁王爲興王以承　獻王祀頗
引漢唐事爲據　上意不懌乎敬乃奮上疏言
上旣以興世子入繼　武宗皇帝統非繼　孝
宗嗣也今以後　武宗則弟以後　孝宗則自
有子奈何舍　獻王弗考而考　孝宗使　獻
王有子而無子　上有父而無父哉　上心是
之而不能決姑報聞於是連駁禮官疏乃合議

議尊　孝宗曰皇考　興王曰本生父　獻皇
帝時孚敬已去爲南京刑部主事復上疏爭之
曰是二本也　孝宗法得稱皇伯考不得稱考
獻帝得稱考不得稱本生因上所草大禮或
問自孚敬之疏上擧朝揶揄之毋有與還往者
乃　上則益心動而士大夫如南京兵部侍郎
席書吏部員外郎方獻夫兵部主事霍韜給事
中熊浹都督府經歷黃綰輩亦稍稍爲議及疏
如孚敬指矣久之尚未決刑部主事桂蕚時方

自邑令轉刑部主事復具疏力伸其說因悉錄
孚敬前後疏上之朝奏而夕報可且召孚敬萼
二臣入廷辨道拜翰林院學士部院大臣給事
御史俱言其不可用不聽翰林自學士以下羞
與孚敬等爲僚俱乞骸亦不聽孚敬萼復上書
論尊　皇考聖母諸禮悉從之明年進廟街議
俱擢詹事府詹事兼學士桂萼字子實鉛山人
也前孚敬登第者十歲三調邑令頗潔廉卹民
而好剛使氣與上官忤被笞汙白簡者再三而

得解萼素非與孚敬善旣言禮合而同貴幸乃
相暱屢上疏攻首輔費宏而推楊一淸一淸亦
虛懷待之明年孚敬乞歸省墓且陛辭矣　上
忽使中使止之遷兵部右侍郎轉左侍郎時費
宏欲有所屬於尚書李鉞鉞弗能應而病甚乞
歸孚敬卽上疏言宏刼制鉞不得行志邑邑且
死而萼所以醜詆宏尤不可聞宏旣去萼遷爲
禮部右侍郎尋與孚敬俱兼學士禮兵二部侍
郎之得兼學士自孚敬萼始也　獻王旣以稱

皇帝復稱　皇考而諛者遂欲宗之列祀太廟孚敬蕚與禮部尚書席書力爭之而止時故有妖人李福達者正德間亡命遊江南而至是侯郭勛所善客曰張寅自云家山西善丹竈之術且能使鬼與其子皆以輸粟得指揮使及省曹掾還山西而遇其鄉人薛良曰此故李福達也首之御史馬錄所獄具而侯勛為之居間錄併劾勛勛奏辨　上疑之下法司重讞如錄擬　上益疑其與錄比而傾侯勛屬孚敬署都察院時桂蕚已爲吏部左侍郎俾署刑部而少詹事方獻夫署大理寺悉逮法司尚書顏頤壽左都御史聶賢大理寺卿湯沐等廷鞫之盡反其獄坐錄等皆永戍而頤壽等皆罷職有差而張寅之爲福達與否竟莫能明也皆召對　內殿賜璽書奬諭予二品服金花帶而以獄事出孚敬手益愛重之且念御史縱非璁莫能制旬日間進孚敬爲禮部尚書文淵閣大學士俾仍掌都察院而蕚爲禮部尚書獻夫亦代蕚爲吏部

左侍郎尋賜孚敬曰忠良貞
一繩愆糾繆蕚曰忠誠靜愼繩愆糾違孚敬念
以書生片言當　主意非久取相位思有所稱
塞大要以破人臣之私交而離其黨一意奉公
守法不復卹議怨其馭御史一以威時時有所
糺按然亦不至毛鷙而性特廉介蕚外示緩而
中實險急嘗以考察請令給事御史相論糺
上從之以是益失中外心時首輔一清議散館
欲留陸粲等數人爲翰林而　上難之孚敬密

疏言此曹子皆費宏所植私士而一清成之勿
留便　上於是出粲爲給事中三四人得御史
餘皆用故資選補皆恨孚敬切骨矣明年孚敬
與蕚加太子太保孚敬獨辭以　上未有太子
官不當虛設遂改授少保　上享太廟回孚敬
候道左　上奇其貌而目屬之賦詩以賜曰予
喜荷天眷賚賢作邦珍賜玉帶蟒衣　上旣以
追崇　獻皇帝后得愉志欲錄以成書而孚敬
爲總裁蕚等副焉旣成進之名曰明倫大典孚

敬進少傅加太子太傅吏部尚書謹身殿大學士蕚巳爲吏部尚書加少保太子太傅方獻夫亦加太子太保霍韜進禮部尚書獨固辭不就而熊浹黃綰以下皆驟貴矣孚敬乃下詔罪狀抗議者楊廷和諸大臣皆削奪官職有差桂蕚之爲吏部尤私其所厚善而修睚眦怨其故笞蕚者都御史則逐之知府則孽而戍獨以名薦魏校爲國子祭酒屬使代疏草其條對及經學時政往往精深當 上意孚敬間者覺不如知而意恨之而校與新建伯王守仁爭名不相下蕚爲之搆守仁奪世封而校入侍經筵忤旨改補太常蕚亦不能救也當孚敬之入內閣 上愈傾向之所咨問還往月以十數間稱字及號而不名楊一清雖居首揆以老成爲 上所禮重然信之不能如孚敬深而桂蕚自吏部入居孚敬下孚敬氣益發舒下視六卿莫敢與抗乃至輕一清亦不復修後進禮蕚有所逮白往往爲孚敬所抑屈孚敬亦以氣凌之用是俱恨孚

敬而一清亦自與搆隙三人鼎而相牴諆 上
聞亦厭之而孚敬復上疏謂三楊以後奸人鄙
夫占據內閣貪汙無恥習以爲常復以閒廢有
年陰求起用去而復來畧不懲悔前軌來而復
去尤且陰爲後圖其人日輕其勢日重且不知
何緣止推首者一人餘家唯唯小有異同旋加
擠斥乞 聖明嚴諭毋得懷奸設險詭隨便巳
意蓋指一清也於是一清奏辨爲孚敬惡聶能
遷之攻之欲臣擬重處而臣不敢聽以是恨且

傷及孚敬他語乞骸骨 上兩爲溫旨以解之
而于一清尤厚前是陸粲爲給事中有所建白
一清輒擊節稱歎謂而家敬輿不過粲內感一
清國士知而禮部侍郎徐縉次當柄用素事一
清而爲粲座主時時以 上意語粲謂且厭張
桂而武定侯郭勛帥營務時中貴人張永久廢
一清以其知兵要孚敬共薦之與侯勛同爲帥
遂訐發勛貪汙跡俄而永暴卒中外頗疑中勛
毒言路遂擊勛勛故以大獄事獨感孚敬而嚴

事之于蕚不爾蕚亦數容攻勛且謂孚敬實庇之至是　上下給事御史擊勛章于一淸言孚敬私勛必曲救勿聽也一淸泄之緡緡以語粲而是時桂蕚尤爲公論所不齒會給事孫應奎疏論一淸雖練事而尚通多私故舊此可與諮謀難獨任也孚敬雖博學而性偏傷于自恃猶飭厲功名當抑其過而任之桂蕚則梟鴟之資桀驁之性作威福援黨與政以賄成事多沮撓使天下之人敢怒而不敢言不可留也　上頗

是之于是一淸辭疏上　優詔勉慰而至孚敬蕚疏各有策勵語一淸乃復上章辭謂今之持論者多尚紛更臣獨勸以安靜多尚刻削臣獨矯以寬平欲變法臣謂只宜守法欲生事臣謂不如省事用人則謂才難當惜斷獄則謂罪疑惟輕以故齟齬參差願賜骸骨避賢者路蓋指孚敬蕚冀以動搖也而給事中粲果有疏論孚敬蕚罔上行私專權納賄擅作威福廣報恩讐因指摘其罪狀而謂孚敬雖狠戾自用執拗多

私其術猶疎爲害猶淺桂萼外若倥侗迂中實深
刻忮忍之毒發于心如蝮蛇猛獸犯者必死
上乃責孚敬萼負君忘義令孚敬以原職回家
創悔資後用萼革保傅大學士銜以尚書致仕
仍許孚敬馳驛而罪陞粲以不蚤聞奏逮下緹
騎獄杖謫荒裔居二日而榜示 朝堂明孚敬
萼功罪且戒中外毋得更加齮齕孚敬既陛辭
而 上密諭一清謂孚敬可還之閣否一清言
上欲還孚敬故當茀渙汗大號甫揚庭而遽

改之非所以取信天下少遲孚敬至家而後召
可也 上乃止于是詹事霍韜上疏力攻一清
謂其納賄壞紀專權誤主大罪因自劾乞歸
上溫旨諭留韜一清上疏辨 上亦溫旨諭留
之而意已移矣孚敬行至天津而 上使人以
璽書召還復職上疏辭 優詔不許一清亦
三乞休亦不許霍韜以省母給假因復爲桂萼
辨冤而攻一清時一清之所薦者中貴人永既
用以黃金器酹一清永死且葬其家復以黃金

器乞一清爲志銘至是事亦發　上乃報詔謂
一清居内閣輔臣首乃大肆納賄不畏人言非
大臣體念係耆舊法司會奏處置既法司議上
乃令一清自陳而孚敬三上疏啓引一清贊禮
功乞賜寛假　上允之許致仕陛辭令馳驛子
金帛從優一清歸復有旨追所受張永金而悉
奪其官爵一清大恨曰老矣乃爲孺子所賣豈
非天乎邑邑疽發背卒又四年而　上念之復
其官又十二年贈太保謚文襄一清生而隱宮

無子桂蕚者亦以是月復故官致仕亡何召還
職然氣黷然竟其身不復振復請告歸病羸卒
而孚敬益獨見任矣乃上疏請求節行道義足
以服人者寘之首而臣居其下　上嘉其退讓
下其章于所司時國家優外戚至有一門三侯
伯者有一公一侯者皆得世封其封日以繁祿
費日以冗而功臣爲之解體安昌伯故外戚也
而家請封孚敬謀之吏部尚書方獻夫俾引唐
宋故事如長孫無忌郭子儀曹彬皆以大勳挾

椒房然封爵不及世而安昌伯等乃世孚敬白之 上悉議從革其見封者僅終身人以爲快 上嘗諭孚敬留都天下首地而事皆中貴人專之何謬也擇一宗室近而賢者付之留守使孚敬言 高帝以親王領宗正不久而罷之宗室不預機政者久矣臣不敢奉 詔然自是能得 上意數數言中貴人之使外者多貪橫爲國蠹賊 上具悉其狀悉裁革鎮守監槍市舶之數後先殆盡孚敬所疏審幾微專委任惜

人才求民隱諸事 上悉嘉納是時 上日事經筵顓求聖學作敬一箴及宋儒五箴註皆發之孚敬天下欣然望太平而孚敬又自議禮起 上以明聖述作爲任事取孚敬裁決大者若分祭天地南北郊又別爲朝日夕月壇於東西郭費大司農金錢以鉅萬計細至武弁燕居冠服之制毋不有所更定獨于文廟易孔子像去王號識者猶以爲宜而至減樂舞裁籩豆表天下唯人主尊 上意乃悅而儒者不謂然孚敬

行之不顧也孚敬之始名璁至是而以嫌諱請
改至再 上爲易今名及字茂恭手書賜之西
第成以 獻皇帝遺墨扁其堂而侑以白金十
鎰綵幣肥羜上尊故所讀書姚溪書院敝特命
有司新而廣之賜名曰貞義其堂曰抱忠孚敬
于居第復爲崇閣以奉誥敕御札名之曰寶綸
居第延袤可二里其土木工石一資之官凡孚
敬所議 上無不合而獨議郊祀配天禮稍牴
牾而初 上不欲 太祖 太宗竝配而定以

冬至圜丘用 太宗配孚敬等議謂 太宗功
德竝 太祖不欲離而去之禮則圜丘重而大
祀輕享則大祀先而圜丘後竊以爲不可三四
往復甚苦而孚敬卒不可乃下禮部徑行之于
是 太宗始不得從配天矣建南郊孚敬以閣
臣知建造非故事也而是時吏科給事中夏言
重言故以議 皇后親蠶禮得幸 上賜四品
俸數言事見聽乃論劾吏部尚書方獻夫進用
私昵而其大者浙江叅政黃卿以孚敬之不悅

而調党以平以孚敬之悅而補彭澤奸回無故
而改右諭德又無故而起太常卿因劾孚敬喜
怒任已好惡咈人　上雖留孚敬及獻夫而爲
停卿調以平他補孚敬乃上書力辨言之挾私
　上温旨褒諭而已獻夫亦力辨且辭　上亦
不允乃復諭獻夫令卿以平調補如前薄責言
以解夏言之議親蠶禮實自孚敬以是孚敬與
彭澤皆恨言莫能間也而　上尚猶優禮孚敬
嘗召與禮卿李時對西苑故仁壽宮議　皇后

蠶地賜名醞珍饌出所草賦示之俾和以進次
日復諭孚敬謂君臣之際在朝當愼他則猶家
人禮然且漢文召見賈生語久前席迄今稱美
朕冲昧世事未經卿之于朕無異周公愛成王
首以孝訓他特餘事耳卿夙夜在公敬君盡禮
昨退遜太過恐非輔臣所宜夫輔臣與他諸臣
不同故曰導之教訓傅以德義保其身體此則
不可以在朝之制相與明矣今後卿有入奏無
拘時而來面相與計處俟性志有定方可廣接

他人酌別賢否朕又欲于今春奉　兩宮豫遊
後與卿輩一遊以仰遵我　聖祖丕訓孚敬復
請慎選歲諸生與進士舉子三途竝用一切考
覈課成皆爲嚴切亡所寬假而監生詹榮有所
恨于徐縉時縉已爲吏部侍郎榮乃捃摭縉他
事奏之下都察院當坐榮誣孚敬忽上言縉夜
使人以黃白金賕請解刺入而捕之則已逃矣
上怒爲罷縉而特伸榮孚敬之妻死以繼娶
告　上賜白金二鎰大紅蟒幣四襲羊八角酒

四十瓶手敕以資吉禮久之行人司正薛侃言
上春秋鼎盛未有皇子宜擇宗藩之親賢者
一人留之京邸以俟皇子生而後就國　上怒
甚命法司會文武大臣臺諫廷鞫前是孚敬已
心恨少詹事夏言欲去之未有間而太常卿彭
澤孚敬客也故與言爭爲都御史有郄而皆侃
同年侃嘗出疏草示澤澤懷以語孚敬謂茲事
上所諱而侃與言故善若疏上而侃得罪使
之引言則併禍矣孚敬以爲然而澤乃語侃少

傳甚善君疏上當爲從吏使必行既有日矣澤
復報孚敬錄稿以聞而且謂言實使之侃疏上
旣就鞫備受五毒不肯吐主者累日詞不具彭
澤從旁以微詞挑之使引言侃瞋目曰疏吾自
具汝謂張少傅許而趣上之于言何與都御史
汪鋐乃攘臂稱言實使侃言指豢詈鋐幾欲拳
毆之時孚敬猶在列給事中孫應奎曹汴前揖
孚敬且迴避孚敬恚趣入閣復具疏言狀 上
乃悉下言應奎汴于獄而命司禮中貴人侯勛

輔臣鑾等鞫具得其狀以聞 上乃出孚敬二
客疏示羣臣而斥其忮罔于是給事御史合論
孚敬 上擿令致仕而遠戍 彭澤輕薛侃罪令
爲編氓而赦言還職自是連擢至禮部尚書益
貴用事孚敬猶得馳驛歸旣陛辭賜公服牙笏
以識意御史張寅追論孚敬與汪鋐誣陷夏言
罪狀 上爲擿寅以安之孚敬歸甫五月而
皇太后數問 上張少傅今安在非少傅安得
爲若毋于是 上復遣行人齎 璽書馳召孚

敬遂趣命既至追論四郊工功加兼太子太師華蓋殿大學士無何彗星凡三見孚敬引咎避位不允時都給事中魏良弼覘 上待孚敬意稍怠不若前乃疏謂彗星見東方君臣爭明彗孛出井姦臣在側孚敬竊弄威福驕恣專横妖星示異惟其所召乞亟罷之以應天變報聞孚敬疏辨以良弼濫舉京營武職臣見其揄揚過情下兵部覈實罰俸兩月以是挾私報復坐臣專擅夫臣爲 皇上守法顧來專權之毀而人

之曲法媚人者乃獲得衆之譽臣恐自是效忠無地矣 上不悅亦報聞于是給事中秦鰲復論孚敬强辨飾非媢嫉愈甚頃 上諭以舉賢容衆同寅協恭今言官論列輒文致其罪而內閣同列亦欲以禍機中之曰曲法曰媚人且票擬聖旨引以自歸明示中外以 天子之權在其掌握上干天和下咈人情如此不去不治上乃嘉鰲忠讜而勒孚敬令自陳致仕同列爲之請恩禮皆不報僅予馳驛其明年復召用士

何以一品六年滿考再進少師時　昭聖皇太
后于　世宗有爰立恩而　上所生　章聖皇
后日益重顧有所　宴見　昭聖猶偃然以故事
裁之　上忿忿而　昭聖之弟昌國公鶴齡建
昌侯延齡者早倖橫行燕中所爲多不法既微
知　上旨慌恐甚而燕中少年亡賴蜂起爭持
脅其金帛毋筭後稍稍不酬乃上變言其詛魘
怨望大逆殺人事頗有狀　昭聖迫乃因　上
後宮有嗣息意屈節爲延齡請　上益怒遂欲

坐延齡反族其家孚敬固以爲延齡殺人抵償
當而坐之反族不可夫延齡守財虜耳何以能
反凡數詰問其對如初論延齡殺人罪屬秋盡
當論孚敬復上疏謂　昭聖皇太后春秋高卒
聞延齡死能不重傷痛乎萬一不食有他故何
以慰　敬皇帝在天之靈　上恚責孚敬自古
強臣令君非一若今愛死囚令我矣當悔不從
廷和事　敬皇帝耶　上故爲重語欲以愒止
孚敬而孚敬意不已與少保方獻夫復持之獻

夫至謂　陛下居法宫誰導以悖倫忍心之事
若此者　上雖不悅然難二大臣詔以秋報悉
緩諸論死刑而終　太后及孚敬世延齡得長
繫矣然孚敬意不能無修忮于言者而吏部尚
書汪鋐迎其意于魏良弼秦鰲等皆坐考察斥
謫相繼矣孚敬爲相務以明　天子尊信國威
重輔臣體而其初潞州盗陳卿據青羊山殺官
吏中外頗務姑息如楊一清桂萼皆爲撫安計
而孚敬獨持之卒捕誅卿大同叛殺其將孚敬

益自信薦劉源清郤永爲大帥以必得賊爲主
而所薦頗不任帥賊挾虜以重僅購間其黨自
相殘得一二主謀者夏言乃以撫之説桂孚敬
口矣孚敬有子中書舍人遜志賢而夭哭之戚
疾乞歸　上謂孚敬胡忍舍朕耶得無以夏言
故邑邑幸寛之勿與較孚敬抗辨不置且言向
所與同志萼獻夫皆弱萼又前死而獻夫復先
去僅霍韜愎而好辨誰爲臣共大計者因以疾
力辭　上使太醫令診視孚敬脉已而手調藥

以賜曰古有剪鬚和藥者吾茲之未能茲手調
亦庶幾焉其專精神加餐自愛以輔朕爲忠之
大乎敬感泣然疾益甚以死誓歸　上不得已
乃許致仕賜　璽書褒諭歲給八騶月俸米八
石所以優崇禮加于他相其初乎敬以　上未
有子嗣請廣選良淑以備六宮又踰年而册妃
嬪禮畢乎敬表賀且問起居　上乃遣錦衣千
戶劉昂視其疾疾愈卽馳傳入輔而別以手書
諭之曰卿比以疾乞還久切朕思昨表賀具悉

朕躬平吉　聖母康泰及擇原選淑女內曰曹
王二氏朕御而各有喜期且近矣先册爲端昭
二嬪河南李氏京選馬氏補敬靜二嬪又朕于
春三月躬行謁　陵禮奉　慈車率后妃以從
禮成又于四月之吉躬飾　七陵遂作朕幽宮
于　長陵左之陽翠嶺更名平臺山奉　聖母
册還京今遣使昂視卿卿果疾未愈不煩以見
如稍可卽星夜以行速見朕副切思情毋使朕
眷眷無已是嘱　太廟宮殿及歷代訓錄成乎

敬皆以首功當遷賞而孚敬行至處州疾歸再
起至金華疾復作復歸以皇第一子生遣人表
賀 上特賜金幣甚厚諸在事者不得比久之
以疾卒 上時幸承天聞之哀悼不已贈太師
謚文忠命有司治祭葬仍護持其家孚敬有子
四人皆有官遜志遜臣遜膚皆夭遜業以尚寶
司丞數躓起有才氣而亦不免夭

諸以大禮貴者凡七人

桂萼字子實鉛山人由進士至少保太子太傅

吏部尚書武英殿大學士致仕卒贈太傅謚文
襄萼為人廉有才識而險忮多所行恩怨士大
夫惡之

席書字文同遂寧人由進士至少保太子太保
禮部尚書加武英殿大學士致仕卒贈太傅謚
文襄有才用多讀書然負氣而忮

方獻夫字叔賢南海人由進士至少保太子太
保吏部尚書武英殿大學士致仕卒贈太傅謚
文襄其在諸公稍和平然亦不肯為骫骳持易

退之操而居家不能持謹數與郡國競毀譽半焉

霍韜字渭先南海人由進士至太子少保禮部尚書掌詹事府事翰林院學士卒贈太子太保謚文敏韜有學識才操難進易退又數犯顏敢爭天下稱之然偏而好訐無通人度

黃綰字宗賢黃巖人以祖廕得官至禮部尚書翰林院學士以侍郎致仕卒綰雖起紈袴而精儒業兼長吏事喜功名第憸闒捭闔君子所羞

稱

熊浹字悅之南昌人由進士至太子太保吏部尚書奪職後贈少保謚端肅浹質直弘毅有大臣度晚節矯矯尤爲人所儀

黃宗明字　鄞縣人由進士至禮部左侍郎卒贈尚書宗明性恬雅不汲汲事功而閒以直著

以稱大禮用者五人

楊一淸見前

廖紀字　東莞人由進士至少保太子太保
吏部尚書卒贈少傅謚恭靖
胡世寧字永清仁和人由進士至太子太保兵
部尚書卒贈少傅謚端敏
方鵬字明舉崑山人由進士至南太常寺卿以
原任右春坊右庶子致仕
彭澤字　人太常卿謫戍事見前
言大禮用而不終者四人
棗陽王祐楒後坐事奪爵援言禮復

楚府儀賓沈淵加從一品服俸後以驕恣斥為
民
聶能遷至錦衣衛指揮僉事坐論孚敬等杖死
何淵太僕寺丞後坐狂躁于進謫府經歷

李時

李時字宗易河間之任丘人父嫠舉進士累官
山東右叅政致仕時生而端重沉默有大人度
三十餘成進士改翰林院庶吉士授編脩與纂
脩實錄兩同考會試進侍讀加俸一級再進右

春坊右諭德仍兼侍讀主武舉試再主順天試
世宗初侍經筵日講同纂修　武廟實錄遷
禮部右侍郎修　睿廟實錄充副總裁俄以母
憂歸服除爲户部右侍郎復改禮部轉左侍郎
遂拜尚書時素以寛厚不立異同得長者譽而
上自講筵故已目屬之既擢尚書則　上與
少傅張孚敬相推明大禮次則采用都給事中
夏言議大者如四郊分祀而配　太祖出　太
宗進　獻帝令　皇后親蠶裁定孔子廟祀時

奉行而已度有所不可則稍稍持諍然亦不能
堅而　上以其終長者意安之特賜玉帶尋以
四郊告成加太子太保俄進武英殿大學士入
内閣時少傅孚敬方得罪歸時入即居首召對
文華殿面見　上諭以事天安民修身講學一
切毋負簡委俾益聖治即命充祀儀成典大明
會典總裁官　上于西苑建無逸殿成而御之
賜時坐命講周書無逸篇大學士翟鑾講豳風
之詩談宴甚浹且引見　章聖皇太后賜白金

文綺俄而孚敬復用時居次改兼吏部尚書事孚敬甚謹亦不敢有所牴牾而孚敬意更不能容如議孔廟及言官馮恩獄容疏諸時出異語以徼結物情　上亦不爲動彗星見條陳三事曰務安靜曰惜人才曰愼刑罰且請宥大禮大獄諸臣報聞　上與少師孚敬務以刻核嚴切爲急而時數用寛大調劑之所救解不少始時在禮部　上賜銀記一其文曰忠敏安愼至是寘之閣中而失之疏請罪　上弗問特爲補鑄

以賜久之加少保冊　皇后爲大禮副使　上在位久益明習政務嘗召時與尚書夏言從容品隲諸大臣材器皆精當時歎服以爲非所及孚敬得請老起故相費宏代之甫兩月宏復卒于是時始居首累賜飛魚蟒服麒麟服　上謁

諸帝陵命時等扈從遂次供張一切出尚方朝夕驂乘以備顧問禮成回鑾奉　母后汎西湖時與侯勛尚書言鼓楫前導復命汎舟西苑之太液　皇史宬成加太子太傅　累朝訓錄

成加少傅兼謹身殿大學士　九廟成加太子
太師子一子尚寶司卿尋進加華蓋殿大學士
昭聖旣以尊重失　上指而其弟延齡復犯
大辟　章聖與竝列而耻爲之下旣各居慈慶
慈寧二宮矣而　章聖病不豫　上忽諭時以
慈寧宮多不祥欲奉居楚舊邸歲時朝謁時皇
恐不知所謂第云　聖母違和寧任遠道　皇
上膺社稷重寄豈宜遠出凡持之者再三而
上始謂　昭聖寔爲巫蠱且欲行大事時益皇

恐不敢明所以第云臣萬死不敢聞命　上亦
止嘗從　上幸九龍池有民婦號而訴其邑令
者　上震怒欲逮令抵法時爭曰此風不可長
也令付所司覈治而當民婦犯蹕罪　上許之
時不能如孚敬廉于親故間有所庇狥然最爲
老成詳謹其爲次輔則當張孚敬首其爲首則
當夏言次皆行意自如莫能害也以體肥不耐
勞得疾卒年六十八贈太傅謚文康時有子坦
舉進士爲光祿少卿先卒　卷之二